BIG4
时代

编著 梁毅志

直笔体育巨星系列

典藏版

北京时代华文书局

Contents
目　录

开篇
最好的时代　最坏的时代 _004

费德勒

战绩 _007
奖项 _013
二十大对手 _014
二十大战役 _020
十大必杀技 _025

纳达尔

战绩 _029
奖项 _034
个人生活 _035
评价 _036
费纳十大战役 _037

德约科维奇

战绩 _042

奖项 _046

个人生活 _047

评价 _048

德费十大战役 _049

穆雷

战绩 _055

奖项 _058

个人生活 _059

评价 _060

穆费十大战役 _061

BIG4 时代汇总

BIG4 战绩 _064　　对战记录 _064

交手总记录 _065　　大满贯交手记录 _066

技术特点 _067　　BIG4 时代四大满贯冠军 _068

生涯顶级赛事冠军 _069　　ATP 单打年终排名 _070

结语 _071

开 篇

最好的时代　最坏的时代

纵观世界体坛，没有哪个项目比网坛"BIG4"更加深入人心了，维基百科甚至专门为此创造词条。"网坛四巨头"分别是指："瑞士天王"费德勒、"红土之王"纳达尔、"塞尔维亚天王"德约科维奇以及"大英骄傲"穆雷。四人曾长期占据着男子排名的前四名，在大满贯以及大师赛上也一直傲视群雄，无论男子网坛如何风云变幻，四人的统治地位都很难撼动，故被人们合称为"网坛四巨头"。

"四巨头"的年龄相差最多不超7岁，从开始"最高龄"费德勒的独孤求败，到后来纳达尔崛起出现的"双雄争霸"，再到德约科维奇和穆雷的陆续加入，"四巨头"的概念最早出现在2008年的美国网球公开赛，那是他们四人首次同时进入大满贯四强。决赛中费德勒击败穆雷获得了冠军，穆雷虽然首次晋级大满贯决赛遗憾铩羽而归，但凭借美网亚军的成绩，他的世界排名也来到新高——第4名，费、纳、德、穆四人首次占据排行榜前四名，至此拉开了"四巨头时代"的大幕。

"四巨头时代"的高潮是在2012赛季，这一年的四大满贯分别由这四人包揽：年初德约科维奇成功在澳网卫冕；纳达尔完成了法网七冠伟业；费德勒也在温网第七次举起了金杯，同时夺回了丢掉两年之久的世界第一；穆雷则在美网实现了个人职业生涯首座大满贯，他还在本土举办的伦敦奥运会收获了一枚男单金牌。不仅如此，那年9站大师赛中的7站冠军全部被"四巨头"包揽，男子网坛的

大师赛冠军

年份	比赛	场地	决赛对手	决赛比分
2016年	巴黎	室内硬地	伊斯内尔	6:3、6:7、6:4
2016年	上海	硬地	阿古特	7:6、6:1
2016年	罗马	红土	德约科维奇	6:3、6:3
2015年	罗杰斯杯	硬地	德约科维奇	6:4、4:6、6:3
2015年	马德里	红土	纳达尔	6:3、6:2
2013年	迈阿密	硬地	费雷尔	2:6、6:4、7:6
2011年	上海	硬地	费雷尔	7:5、6:4
2011年	辛辛那提	硬地	德约科维奇	6:4、3:0（退赛）
2010年	上海	硬地	费德勒	6:3、6:2
2010年	罗杰斯杯	硬地	费德勒	7:5、7:5
2009年	罗杰斯杯	硬地	德尔波特罗	6:7、7:6、6:1
2009年	迈阿密	硬地	德约科维奇	6:2、7:5
2008年	马德里	红土	西蒙	6:4、7:6
2008年	辛辛那提	硬地	德约科维奇	7:6、7:6

奥运会上连续获得金牌数量最多的网球男单选手：在2012年伦敦奥运会上，英国网球超级巨星穆雷在家门口赢得了一枚宝贵的奥运男单金牌；在2016年，他又将个人第二枚奥运男单金牌收入囊中，成为奥运会历史上首位蝉联网球单人项目冠军的球员。

生涯纪录

生涯数据

发球

ACE球	5755
双误	2154
1发成功率	58%
1发得分率	74%
2发得分率	52%
对手破发点	5124
保发率	62%
发球局数	10579
发球局胜率	82%
总发球得分率	65%

接发球

接1发成功率	33%
接2发成功率	55%
破发机会	7593
把握破发点成功率	43%
接发球局数	10484
接发球局胜率	31%
接发球得分率	42%
总得分率	53%

奖项

- 2019年ATP年度最佳复出奖
- 2013年获得大英帝国勋章
- 2013年劳伦斯世界体育奖最佳突破奖
- 2004年度最佳BBC青年运动员奖

个人生活

穆雷的母亲是曾经的网球选手、苏格兰冠军朱迪，她代表苏格兰参加过1981年的世界大学生运动会。哥哥杰米·穆雷是网球双打好手，双打排名曾登顶过世界第一。

穆雷的妻子希尔斯也出身网球世家，她的父亲奈杰·西尔斯曾是汉图楚娃的教练。两人在2005年美网相识，2015年4月在苏格兰邓布兰的一座教堂举行了婚礼。

穆雷和希尔斯的第一个孩子出生在2016年，在5年时间里两人总共生下4个孩子，穆雷的前两个孩子都是女儿，第三个孩子是一个男孩，出生在2019年11月，第四个孩子出生在2021年3月，目前性别并未透露，球迷戏称追平费德勒。

16岁时穆雷被诊断出患有先天性髌骨分裂症。大多数人的膝盖骨都是单独一块软骨骨化形成的，但在极少数情况下，膝盖骨由两块骨头组成，仅依靠纤维组织连合在一起。穆雷比赛时经常因剧痛而握住膝盖，也因此退出过比赛。

评价

穆雷是最让我头疼、最难战胜的对手，他是一名伟大的球员，当他赢得大满贯和奥运会冠军时，我为他感到高兴。

——费德勒

穆雷的真实生活表明他真是一个惊人的战士，在经历了所有事情以及所有的恢复和准备后，在整个赛季中努力治愈和参加几场比赛之后，他仍然没有放弃。直到他经历了所有事情之后，他的职业生涯仍旧得到家人和亲人的支持，这确实令人印象深刻且令人振奋。

——德约科维奇

每次和穆雷待在一起，我都会感到非常舒服。他是个非常有趣的人，更重要的是他完全不把自己当回事，他没有任何架子。他是网球这项运动的传奇人物，但他却是如此友好、谦虚、脚踏实地，在他之前我从未见过和他一样的人。

——克耶高斯

穆雷的职业生涯堪称伟大，他长期以来一直是顶尖选手中的一员，是一名伟大的对手。

——纳达尔

穆费十大战役

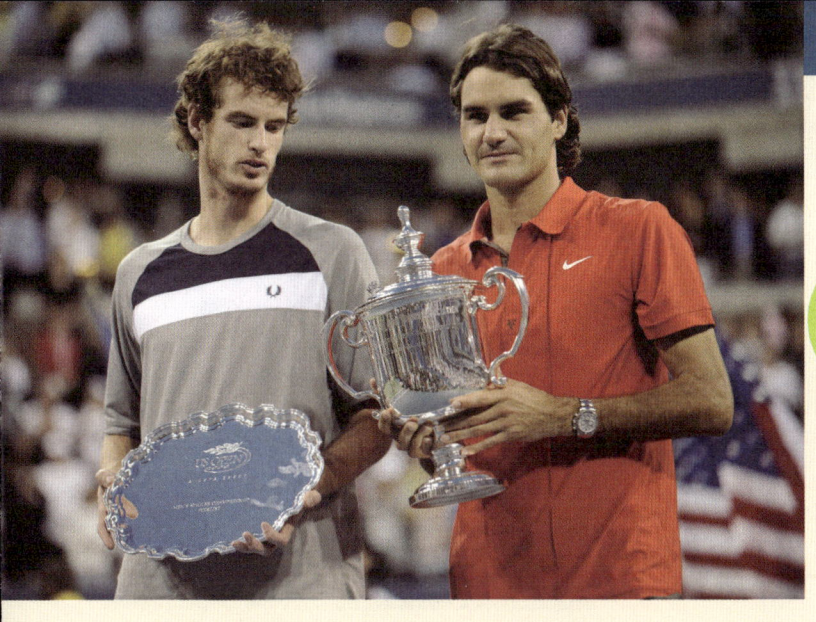

1 | 横空出世，击败巅峰费德勒

2006年辛辛那提大师赛第二轮，年仅19岁的穆雷以7：5、6：4力克"瑞士天王"费德勒晋级，要知道恐怖如斯的2006年费德勒，在那个赛季17次参赛16次打进决赛，唯一的例外就是辛辛那提大师赛。

2 | 穆雷首进世界前四，"四巨头"正式成形

2008年美网决赛，费德勒以6：2、7：5、6：2干净利落地击败了首次晋级大满贯决赛的穆雷。从巅峰滑落的2008年，这个美网冠军也被认为是费德勒的"最大救赎"。首次闯进大满贯决赛的穆雷虽然失利，但在美网后，他的排名成功上升到了第四位。自此"四巨头"正式成形，在随后两年多的时间里，费、纳、德、穆四人一直牢牢占据世界前四，此后的多年里，"四巨头"也包揽了绝大多数大满贯和大师赛的决赛席位。

3 | 穆雷艰难抢七逆转费德勒

2008年上海大师杯小组赛，穆雷在先输一盘的情况下，以4：6、7：6（3）、7：5强势逆转费德勒。当年赛前费德勒就受到背伤困扰，虽然不影响小组赛出线结果，但穆雷豪言自己不会"放水"，结果他与费德勒激

061

战三盘，最终拖垮了"瑞士天王"。这令费德勒第一次未能从大师赛小组赛出线，体力耗尽的穆雷则在第二天的半决赛中脆败。

4 | "天王克星"！穆雷四连胜费德勒

2009年印第安威尔斯大师赛半决赛，穆雷以6：3、4：6、6：1力克费德勒晋级决赛，当时穆雷已经取得了对费德勒的四连胜，再算上年初的阿布扎比表演赛，当时他绝对是费德勒的"克星"。

5 | 费德勒大满贯决赛"双杀"穆雷

2009年的费德勒泪洒墨尔本，2010年的穆雷同样流下了失望的泪水。2010年澳网决赛，费德勒以6：3、6：4、7：6（11）力克穆雷夺冠，穆雷在1/4决赛强势淘汰了纳达尔，不过决赛却未能充分发挥水平，连续两个大满贯单打决赛被费德勒压制。

6 | 穆雷连续击败费纳夺冠

2010年罗杰斯杯决赛，穆雷以7：5、7：5击败费德勒夺冠，这是他首次完成在一项赛事中连续击败纳达尔和费德勒并夺冠。

7 | 穆雷泪洒温网，留下经典名言

2012年温网决赛，费德勒在先输一盘的情况下，连扳三盘，最终以4：6、7：5、6：3、6：4击败首次杀进温网决赛的穆雷，勇夺个人第7座温网冠军奖杯，追平了桑普拉斯的终极纪录。这同时也是费德勒职业生涯的第17个大满贯头衔。穆雷在颁奖典礼泪洒现场，并留下了经典名言："我可以像费德勒一样哭泣，却不能像他一样赢球。"

8 | 费德勒"金满贯"梦碎

2012年伦敦奥运会男单决赛，穆雷直落三盘以6：2、6：1、6：4完胜费德勒，成为继1908年伦敦奥运会夺得男单金牌的里奇之后，第二位赢得奥运网球男单冠军的英国选手，而落败的费德勒则遗憾错失成为继阿加西、纳达尔后男子网坛第三位完成"金满贯"荣耀选手的机会。四年一次的奥运主场和每年四次的大满贯不可同日而语，穆雷曾多次表示如果重来，也不会用金牌去换大满贯。

9 | 史诗级梦幻对决，穆雷艰难晋级

2013年澳网半决赛，2号种子费德勒和3号种子穆雷上演了"梦幻对决"，全场发出21记ACE的穆雷克服了第四盘葬送发球胜赛局的心理波动，最终在五盘大战中以6：4、6：7（5）、6：3、6：7（2）、6：2力克费德勒，继2012年温网和美网后连续杀入第三项大满贯男单决赛，全场比赛耗时4小时。

10 | 费德勒淘汰穆雷，决赛惜败"德约"

2015温网男单半决赛，费德勒直落三盘，以7：5、7：5、6：4淘汰发挥并不差的穆雷，职业生涯第10次杀入温网男单决赛，可惜在决赛中惜败德约科维奇，成就了后者第三个挑战者金杯。

BIG4时代汇总

BIG4战绩

职业战绩：3874胜873负（胜率：81.6%）

冠军头衔：317个

大满贯冠军：**61个**

澳网：**16个**

法网：**15个**

温网：**17个**

美网：**13个**

大师系列赛：**113个**

ATP年终赛：**12个**

奥运会战绩

单打冠军：2008年（纳达尔）、2012年（穆雷）、2016年（穆雷）

双打冠军：2008年（费德勒）、2016年（纳达尔）

对战记录

"BIG4"中两两之间的对决被认为是网球史上最伟大的对决之一。在四人彼此之间，他们总共奉献了231场比赛，其中71场来自大满贯赛场。

费德勒和纳达尔职业生涯共交手40次，费德勒16胜24负落后，大满贯赛场共交手14次，纳达尔10胜4负遥遥领先。

纳达尔与德约科维奇职业生涯交手56次，纳达尔27胜29负，大满贯比赛10胜6负。

费德勒与德约科维奇职业生涯交手50次，德约科维奇以27胜23负略微占优，大满贯则是10胜6负。

而穆雷与费德勒交手25次、与纳达尔交手24次、与德约科维奇交手36次，均胜少负多。大满贯对阵三人更是以5胜20负占据绝对劣势。

交手总记录

球员	纳达尔	德约科维奇	费德勒	穆雷	全部	胜率
德约科维奇	29 : 27		27 : 23	25 : 11	81 : 61	57.4%
纳达尔		27 : 29	24 : 16	17 : 7	68 : 52	56.7%
费德勒	16 : 24	23 : 27		14 : 11	53 : 62	46.1%
穆雷	7 : 17	11 : 25	11 : 14		29 : 56	34.1%

注：前面数字代表胜场，后面数字代表负场

大满贯交手记录

球员	纳达尔	德约科维奇	费德勒	穆雷	全部	胜率
德约科维奇	6∶10		10∶6	8∶2	24∶18	57.1%
纳达尔		10∶6	10∶4	7∶2	27∶12	69.2%
费德勒	4∶10	6∶10		5∶1	15∶21	41.7%
穆雷	2∶7	2∶8	1∶5		5∶20	20.0%

注：前面数字代表胜场，后面数字代表负场

技术特点

费德勒 早年是一位发球上网型球员，而现在是全面型球员的代表，被公认为是能适应任何场地、任何比赛节奏、任何类型对手的球员。他具有良好的底线相持、预判、接发球、上网等打法技术，并且拥有协调性、平衡感、心理素质高的特点。所以费德勒在草地、硬地、红土均取得不俗的战绩，创造温网和美网的五连冠纪录，拿到一届法网冠军以及四届法网亚军。

纳达尔 是一名防御型、底线型球员，他的运动能力和速度，让他的防御能力相当强大，持续压迫对手，迫使对方失误，常常能在防守中反击，打出制胜球。他擅于利用强而有力的上旋球、快速移动的脚步和坚强的意志力，并且精于放小球。

德约科维奇 是较偏重于底线攻击打法的球员，他最大的优势是抽球、发球和防守能力。尤其是发球，这是他的主要武器之一。德约科维奇球速快，一发是典型的平击球，但他的二发常运用切球，他发球前有一致的节奏，隐蔽性很高的反拍下旋小球，借此赢得了许多轻松的分数。

穆雷 的强劲抽球极具爆发力，是双手反拍的代表人物之一。作为传统的底线防守型球员，穆雷的底线来回抽球不但具有攻击力且失误少，对来球的预判和反应能力相当高。他能通过球速实现攻防自由转换，因此能在底线防守的同时击出制胜分。

「BIG4时代」四大满贯冠军

年份	澳网冠军	法网冠军	温网冠军	美网冠军
2003年	阿加西	费雷罗	费德勒	罗迪克
2004年	费德勒	高迪奥	费德勒	费德勒
2005年	萨芬	纳达尔	费德勒	费德勒
2006年	费德勒	纳达尔	费德勒	费德勒
2007年	费德勒	纳达尔	费德勒	费德勒
2008年	德约科维奇	纳达尔	纳达尔	费德勒
2009年	纳达尔	费德勒	费德勒	德尔波特罗
2010年	费德勒	纳达尔	纳达尔	纳达尔
2011年	德约科维奇	纳达尔	德约科维奇	德约科维奇
2012年	德约科维奇	纳达尔	费德勒	穆雷
2013年	德约科维奇	纳达尔	穆雷	纳达尔
2014年	瓦林卡	纳达尔	德约科维奇	西里奇
2015年	德约科维奇	瓦林卡	德约科维奇	德约科维奇
2016年	德约科维奇	德约科维奇	穆雷	瓦林卡
2017年	费德勒	纳达尔	费德勒	纳达尔
2018年	费德勒	纳达尔	德约科维奇	德约科维奇
2019年	德约科维奇	纳达尔	德约科维奇	纳达尔
2020年	德约科维奇	纳达尔	取消	蒂姆
2021年	德约科维奇			

生涯顶级赛事单打冠军

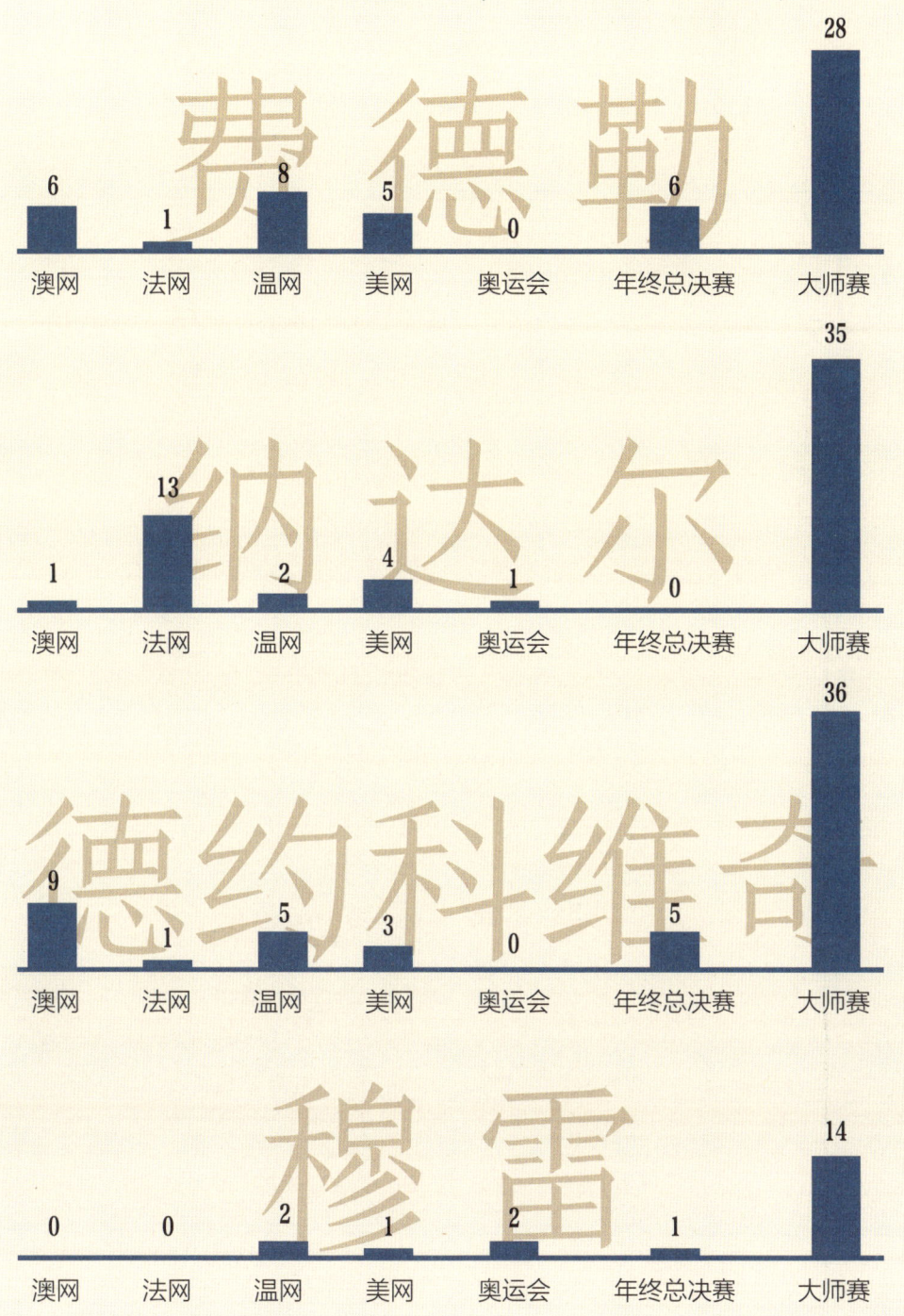

费德勒

澳网	法网	温网	美网	奥运会	年终总决赛	大师赛
6	1	8	5	0	6	28

纳达尔

澳网	法网	温网	美网	奥运会	年终总决赛	大师赛
1	13	2	4	1	0	35

德约科维奇

澳网	法网	温网	美网	奥运会	年终总决赛	大师赛
9	1	5	3	0	5	36

穆雷

澳网	法网	温网	美网	奥运会	年终总决赛	大师赛
0	0	2	1	2	1	14

ATP单打年终排名

年份	费德勒	纳达尔	德约科维奇	穆雷
1998年	301	/	/	/
1999年	64	/	/	/
2000年	29	/	/	/
2001年	13	811	/	/
2002年	6	200	/	/
2003年	2	49	679	540
2004年	1	51	186	411
2005年	1	2	78	64
2006年	1	2	16	17
2007年	1	2	3	11
2008年	2	1	3	4
2009年	1	2	3	4
2010年	2	1	3	4
2011年	3	2	1	4
2012年	2	4	1	3
2013年	6	1	2	4
2014年	2	3	1	6
2015年	3	5	1	2
2016年	16	9	2	1
2017年	2	1	12	16
2018年	3	2	1	240
2019年	3	1	2	125
2020年	5	2	1	122

大满贯
　　冠军

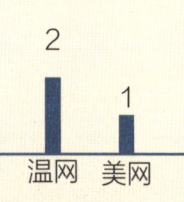

```
         2
         ■   1
             ■
        温网 美网
```

年份	比赛	场地	决赛对手	决赛比分
2012年	美网	硬地	德约科维奇	7∶6、7∶5、2∶6、3∶6、6∶2
2013年	温网	草地	德约科维奇	6∶4、7∶5、6∶4
2016年	温网	草地	拉奥尼奇	6∶4、7∶6、7∶6

ATP年终总决赛

年份	比赛	场地	决赛对手	决赛比分
2016年	伦敦	室内硬地	德约科维奇	6∶3、6∶4

戴维斯杯

时间	地点	场地类型	搭档	决赛对手	比分
2010年11月27-29日	根特	红土	埃德蒙德、杰米·穆雷	比利时	3∶1

战绩

COMPETITION RESULTS

生涯战绩：677胜202负（胜率77.02%）

冠军头衔：46个

最高排名：世界第一

冠军分布

大满贯：3个

年终总决赛：1个

大师赛：14个

奥运会：2个

其他赛事：26个

有11次，其他同时代球员没有超过5次的，他在四大满贯全部进入决赛，穆雷还是"全满亚"球员，有5个澳网亚军、1个法网亚军、1个温网亚军和1个美网亚军，21次至少打进大满贯男单四强。历数上面这些成绩，我们不难看出，穆雷的网球运动生涯应该说是非常成功的，位列"BIG4"也算实至名归。

值得一提的是，穆雷有一个"费、纳、德"三人望尘莫及的成就，那就是他曾在2012年伦敦奥运会和2016年里约奥运会背靠背夺得男单金牌，成为卫冕奥运男子网球的第一人。

2019年澳网赛前发布会，穆雷含泪宣布因髋关节伤病困扰可能将于温网之后退役，澳网首轮他五盘惜败给西班牙人阿古特出局，之后术后复出，成绩跌入谷底，世界男子网坛似乎已是"三巨头"的天下，但即便在其职业生涯结束之前无法拉近与其他三人的距离，他依然在世界网球史上书写了浓重的一笔。

档案

中文名：安迪·穆雷	外文名：Andy Murray
国　籍：英国	出生地：英国苏格兰邓布兰
身　高：1.91米	体　重：84.1千克
出生日期：1987年5月15日	
专业特点：右手握拍、双手反拍	
主要奖项：3个大满贯冠军	
2012年、2016年奥运会网球男单冠军	

穆雷

网球界"BIG4"的说法已经超过10年了，但穆雷仿佛已经"渐行渐远"，甚至在他身处其中的时候，也被称为是存在感最低的。早些时候，年轻的穆雷还没有大满贯冠军头衔，但是凭借大满贯四强、亚军和大师赛多次夺冠的稳定成绩，他依然被称为"BIG4"之一。直到2012年穆雷在美网加冕，"BIG4"才似乎正式完成最后的拼图。但单从大满贯冠军的数量上来看，穆雷确实无法与"费、纳、德"争"四巨头"的名分，"费、纳、德"如今大满贯数是20、20、18这样的惊人数字，到穆雷这只有3个大满贯，断崖式下跌，和瓦林卡并驾齐驱。

但在全面性和稳定性上，穆雷要远远拉开同时代其他球员。在世界排名上，穆雷在2016年登上了年终世界第一，解锁夺得大满贯且登上年终第一这一重要成就。最重要的是从2008年到2016年，穆雷连续9年排名年终前六，其中8年排名年终前四，展现了惊人的稳定性，这完全是与"费、纳、德"同一级别。而在大满贯决赛次数上，穆雷总共

8 | "德约"力擒费德勒，时隔四年再夺美网

2015年美国网球公开赛男单决赛，世界排名第一的德约科维奇以6∶4、5∶7、6∶4、6∶4击败了"瑞士天王"费德勒，继同年温网之后，连续两个大满贯决赛"双杀"费德勒，时隔四年后再度夺得该项赛事的冠军。这也是德约科维奇个人第10座大满贯奖杯。

9 | "德约""三杀"费德勒，年终完美收官

2015年又是一个"德约年"，他的单打总战绩为82胜6负，人们经常拿德约科维奇的2015年跟费德勒的2006年相提并论。费德勒和德约科维奇共交手8次，费德勒取得3胜5负的战绩，其中7次发生在决赛，费德勒2胜5负，唯一一场非决赛是年终总决赛的小组赛，费德勒获胜。2015年伦敦年终总决赛，德约科维奇没有费多少力气，以6∶3、6∶4完胜费德勒夺冠，为自己的疯狂赛季画上了圆满的句号。

10 | 费德勒五盘憾负"德约"，无缘温网9冠纪录

2019温网男单决赛，世界第一德约科维奇鏖战4小时55分钟，以7∶6（5）、1∶6、7∶6（4）、4∶6、13∶12战胜2号种子费德勒，赢下了两人之间第48次对决。

这也是德约科维奇生涯第7个大满贯冠军，而落败的费德勒错过了第18个大满贯冠军。

7 | "德约"力克"草地之王"，三度赢得温网

2015年温布尔登男单巅峰对决，头号种子德约科维奇和2号种子费德勒连续第二年相遇。卫冕冠军德约科维奇虽然在第二盘错失七个盘点告负，但最终他以7:6（1）、6:7（10）、6:4、6:3击败曾七次夺冠的费德勒，职业生涯第三次赢得挑战者金杯，同时是生涯第9个大满贯冠军，超越了阿加西和伦德尔等名宿，位列史上第八。

3 | 德约大逆转，首夺美网冠军

2011年美网男单半决赛，费德勒在比赛中浪费赛点的一幕再次重演，只是这一次他是在自己的发球局连续错失了两次终结比赛的机会。德约科维奇在先丢两盘、决胜盘甚至3：5落后的情况下挽救了2个赛点，最终连扳三盘以6：7（7）、4：6、6：3、6：2、7：5大逆转费德勒，和去年一样逃过2个赛点死里逃生般地杀入了最后的决赛，这也是德约科维奇第三次杀入美网冠军争夺战，这一次他没有让冠军旁落，生涯首度捧起美网奖杯。

4 | 费德勒力压"德约"斩获温网7冠

2012年7月6日，温网男单半决赛，赛会3号种子费德勒展现出了"草地之王"的本色，四盘大战最终以6：3、3：6、6：4、6：3力压卫冕冠军、世界第一德约科维奇，创纪录地第8次杀进温网决赛，并最终在决赛战胜穆雷捧杯，勇夺个人第7座温网冠军奖杯，追平了"老球王"桑普拉斯的终极纪录。

5 | "德约"时隔4年再度捧杯，费德勒错失第7冠

2012年，德约科维奇和费德勒的表现不分伯仲。德约科维奇时任当时的世界第一，赛季战绩为74胜12负，收获了包括澳网、中网、上海大师赛在内的五个冠军。费德勒为世界第二，赛季战绩71胜11负，拿到了包括温网在内的六个冠军。两人在ATP年终总决赛的最终较量中，头号种子德约科维奇苦战2小时14分钟，以7：6（6）、7：5击败费德勒，时隔四年再度夺冠，而费德勒错失了第7个冠军。

6 | 费德勒遗憾落败，无缘18冠

2014年温网决赛，头号种子德约科维奇以6：7（7）、6：4、7：6（4）、5：7、6：4逆转七届赛会冠军费德勒，时隔三年再夺温网冠军，

德费十大战役

1 | 德约科维奇美网首胜费德勒

2007-2009年，费德勒与德约科维奇连续三年在美网男单赛场相遇，费德勒取得了其中三次交手的全部胜利。2010年美网男单半决赛，这是德约科维奇首次在美网赛场战胜费德勒，双方上演了五盘大战，费德勒在决胜盘一度拥有2个赛点，但是却被顽强的德约科维奇逆转过关，最终以5：7、6：1、5：7、6：2、7：5战胜曾经美网五连冠的费德勒晋级，遗憾的是，决赛他输给了纳达尔，没能如愿捧杯。

2 | 费德勒终结"德约"疯狂41连胜

2011年是德约科维奇的爆发年，澳网继2008年之后再次夺冠，之后连战连捷，无人能挡，甚至在两站红土大师赛决赛双杀纳达尔。费德勒在年初夺得多哈站冠军后，陷入冠军荒，对德约科维奇已经3连败。但是费德勒不会认命，最终以7：6（5）、6：3、3：6、7：6（5），双抢七大比分3：1战胜德约科维奇晋级，终结了德约科维奇41场疯狂连胜的纪录，证明自己的实力依然是顶尖。遗憾的是，决赛他依旧倒在了老对手纳达尔的拍下，收获了法网第四个亚军。

049

评价

如果让我选出来一位有史以来最伟大的网球运动员，我会毫不犹豫说出德约科维奇的名字。

——费德勒

我喜欢跟德约科维奇比赛，他是史上最棒的球员之一，要击败他你可能需要连续四五个小时都拿出最好的生理和心理状态。

——梅德韦杰夫

德约科维奇在比赛中没有弱点，他所取得的成就凤毛麟角，我想在今后很长一段时间都很难再看到。

——穆雷

对阵像德约科维奇这样的对手，我需要做好防守，才能有机会去进攻，一个100%状态的我也未必能打得过他。

——纳达尔

德约科维奇是一个现象级球员，他儿时生活艰难，但从未放弃自己的网球梦想，他的人生故事非常励志。

——马拉多纳

个人生活

德约科维奇出生在一个有体育传统的家庭，他的父亲和叔叔都曾是南斯拉夫的滑雪运动员。德约科维奇还有两个弟弟，二弟马克·德约科维奇曾经是一位网球选手，如今已退役；三弟乔尔杰·德约科维奇也是一名网球选手，曾搭档德约科维奇征战巡回赛双打。

2014年4月25日，德约科维奇通过其个人社交媒体宣布未婚妻伊莲娜怀孕。7月，德约科维奇在黑山与交往9年的伊莲娜举行婚礼。

2014年10月21日，德约科维奇的妻子伊莲娜顺利产下一子，他为儿子取名史蒂芬（Stefan）。2017年9月2日，伊莲娜顺利诞下他们的女儿，取名塔拉（Tara）。

德约科维奇外向、爱搞怪，加上会讲多国语言，他成为娱乐脱口秀节目的常客。他经常在球场上或私底下模仿网坛众球星，包括莎拉波娃、纳达尔、李娜、小威廉姆斯等网坛名宿。

德约科维奇是意甲球队AC米兰队的忠实球迷，他曾多次前往AC米兰俱乐部参观，并现场观看比赛，且与俱乐部官员及队中众多球星的关系不错，伊布拉希莫维奇是他最喜欢的足球运动员。

德约科维奇于2007年成立个人基金会，名为"诺瓦克·德约科维奇基金会"，主要致力于帮助儿童健康成长以及儿童的学前教育。德约科维奇曾经说过自己成长于一个战火纷飞的国度，因此周遭的小孩并不敢奢望梦想什么。他希望能通过一己之力帮助需要帮助的人。另外，他也是联合国儿童基金会大使。

奖项

4次劳伦斯世界体育奖最佳男运动员奖
（2012年、2015年、2016年、2019年）
2007年塞尔维亚奥委会年度最佳男运动员
2011年巴尔干年度最佳运动员
2011年国际体育记者协会年度最佳运动员
2011-2012年ATP年度最佳球员
2012年阿瑟·阿什人道主义奖
2012年ESPY年度最佳男子网球运动员
2013年塞尔维亚奥委会年度最佳男运动员
2019年塞尔维亚年度最佳男运动员

ATP年终总决赛

年份	比赛	场地	决赛对手（国籍）	决赛比分
2008年	上海	室内硬地	达维登科（俄罗斯）	6∶1、7∶5
2012年	伦敦	室内硬地	费德勒（瑞士）	7∶6、7∶5
2013年	伦敦	室内硬地	纳达尔（西班牙）	6∶3、6∶4
2014年	伦敦	室内硬地	费德勒（瑞士）	对手退赛
2015年	伦敦	室内硬地	费德勒（瑞士）	6∶3、6∶4

生涯纪录

1. 世界第一的周数311周，是位列世界第一周数最长的球员
2. 公开赛时代首位澳网九冠王（2008年、2011年、2012年、2013年、2015年、2016年、2019年、2020年、2021年）
3. 2007年法网到2008年澳网，是连续打进四大满贯四强的最年轻球员（20岁零250天）
4. 拥有大师赛冠军数量最多的球员（36个）
5. 公开赛时代大满贯连胜场数最多（30场）
6. 自1990年ATP设立大师赛以来，集齐全部男子9站大师系列赛的冠军，达成"金大师"伟业
7. 2012年到2015年，ATP年终总决赛四连冠
8. 6次年终排名第一，与桑普拉斯并列第一
9. 2012年澳网决赛，与纳达尔奉献了耗时最长的大满贯单打决赛（5小时53分钟）
10. 对阵四巨头其他三人交手记录全部占优

大师赛冠军

迈阿密（6个）：2007年、2011年、2012年、2014年、2015年、2016年

罗杰斯杯（4个）：2007年、2011年、2012年、2016年

罗马（5个）：2008年、2011年、2014年、2015年、2020年

印第安维尔斯（5个）：2008年、2011年、2014年、2015年、2016年

巴黎（5个）：2009年、2013年、2014年、2015年、2019年

马德里（3个）：2011年、2016年、2019年

上海（4个）：2012年、2013年、2015年、2018年

蒙特卡洛（2个）：2013年、2015年

辛辛那提（2个）：2018年、2020年

生涯数据

发球

5988	2515	65%	74%	55%
ACE球	双误	1发成功率	1发得分率	2发得分率

5624	65%	13690	86%	67%
对手破发点	保发率	发球局数	发球局胜率	总发球得分率

接发球

34%	55%	9603	44%
接1发成功率	接2发成功率	破发机会	把握破发点成功率

13314	32%	42%	54%
接发球局数	接发球局胜率	接发球得分率	总得分率

044

大满贯冠军

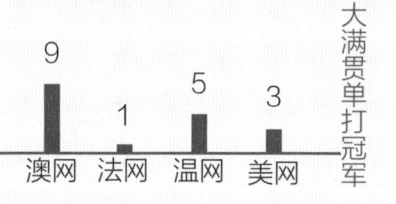

大满贯单打冠军

- 澳网 9
- 法网 1
- 温网 5
- 美网 3

年份	比赛	决赛对手	决赛比分
2008年	澳网	特松加	4∶6、6∶4、6∶3、7∶6
2011年	澳网	穆雷	6∶4、6∶2、6∶3
2011年	温网	纳达尔	6∶4、6∶1、1∶6、6∶3
2011年	美网	纳达尔	6∶1、6∶3、6∶0
2012年	澳网	纳达尔	5∶7、6∶4、6∶2、6∶7、7∶5
2013年	澳网	穆雷	6∶7、7∶6、6∶3、6∶2
2014年	温网	费德勒	6∶7、6∶4、7∶6、5∶7、6∶4
2015年	澳网	穆雷	7∶6、6∶7、6∶3、6∶0
2015年	温网	费德勒	7∶6、6∶7、6∶4、6∶3
2015年	美网	费德勒	6∶4、5∶7、6∶4、6∶4
2016年	澳网	穆雷	6∶1、7∶5、7∶6
2016年	法网	穆雷	3∶6、6∶1、6∶2、6∶4
2018年	温网	安德森	6∶2、6∶2、7∶6
2018年	美网	德尔波特罗	6∶3、7∶6、6∶3
2019年	澳网	纳达尔	6∶3、6∶2、6∶3
2019年	温网	费德勒	7∶6、1∶6、7∶6、4∶6、13∶12
2020年	澳网	蒂姆	6∶4、4∶6、2∶6、6∶3、6∶4
2021年	澳网	梅德韦杰夫	7∶5、6∶2、6∶2

战绩

团体成绩

2010年戴维斯杯冠军

时间	地点	场地类型	搭档	决赛对手
2010年12月3-5日	贝尔格莱德	室内硬地	泽蒙季奇、蒂普萨勒维奇、特洛伊基	法国

单打成绩

生涯战绩：944胜193负（胜率83.03%）

冠军头衔：82个

最高排名：世界第一

冠军分布

赛事级别分类：

大满贯：18个

年终总决赛：5个

大师赛：36个

其他赛事：23个

场地类型分类：

硬地：50个

室内硬地：11个

红土：15个

草地：6个

双打成绩

生涯战绩：56胜73负（胜率43.41%）

最高排名：114

冠军头衔：1个

COMPETITION RESULT

档案

中文名：诺瓦克·德约科维奇　　外文名：Novak Djokovic

别　名：Nole、Djoker、小德、闹来　　国　籍：塞尔维亚

出生地：贝尔格莱德　　出生日期：1987年5月22日

身　高：1.88米　　体　重：80千克

专业特点：右手、双手反拍

主要奖项：18个大满贯冠军

5个ATP年终总决赛冠军

全满贯（9个澳网、5个温网、3个美网、1个法网）

"金大师"得主

要多得多。2016年的"冥想悬案"让他下半年的成绩跌入谷底。2020年更是多事之秋：他先是举办表演赛防疫不到位，导致球员确诊；美网误伤司线被直接判负；成立球员工会，与ATP关系降至冰点……

但就从成绩来看，以德约科维奇目前的竞技状态，大部分人都看好他能超越费德勒和纳达尔，成为男子网坛大满贯总数最多的运动员。

费德勒曾经盛赞德约科维奇："我很享受和他的比赛，我们能激发对方发挥出最佳水平。我们的技术风格差异很大，所以谁能胜出很大程度上取决于比赛那天的状态、场地，还有之前几场比赛的表现。和最强的球员比赛，你必须拿出最佳状态，尤其是对阵德约科维奇，他甚至可以进入一球都不丢的境界。德约科维奇防守强悍，又充满攻击力，而且平衡能力超群，这也是为什么他可以成为最好的球员之一。我非常享受和他比赛，他让我成为更好的球员。巡回赛里有他的身影真是太棒了。"

德约科维奇

  德约科维奇是最被球迷和专家看好日后超越费德勒、纳达尔，并且能够在网坛独挑大梁的球员。2021年初，世界还被笼罩在疫情的阴影中没有恢复过来，德约科维奇就已经开始高奏凯歌，开疆拓土。2月21日，他在澳网以大比分3：0横扫95后新星梅德韦杰夫夺冠，成为前无古人的澳网九冠王，大满贯冠军总数提升到18个，仅次于费德勒、纳达尔的20个。同年3月，他排名世界第一的总周数来到311周，一举超越费德勒保持的310周的纪录，成为ATP引入世界排名系统以来位列世界第一周数最长的球员。

  出生在塞尔维亚的德约科维奇是在炮火中长大的，15岁正式成为职业选手，三年后收获第一个ATP冠军，2007年进入世界前十，2008年收获大满贯，2011年拿下三个大满贯、登顶世界第一……

  德约科维奇的职业生涯也并非一帆风顺，关于他的争议场外比场内

费德勒，收获个人的第10座大满贯冠军，守住了世界第一的宝座。加上这场失利，费德勒已经第6次在与纳达尔的大满贯决赛中落败。

8 | 费、纳终极对决，德约加冕澳网

2012年澳网半决赛，被誉为"决赛提前上演"，尽管费德勒表现得十分顽强，但依旧以7：6（5）、2：6、6：7（5）和4：6遭纳达尔强势逆转，被挡在澳网决赛门外，但闯进决赛的纳达尔最终败在了德约科维奇拍下，无缘捧杯。

9 | 费德勒夺生涯第18个大满贯

2017年澳网决赛，这是费德勒的第28个大满贯决赛，纳达尔的第21个大满贯决赛，费、纳的第35次对决，时隔近六年两人再次上演大满贯决赛巅峰对决。费德勒以6：4、3：6、6：1、3：6、6：3的比分击败了纳达尔，斩获个人第5个澳网冠军，大满贯第18冠。

10 | 费德勒完美复仇

2019年温网半决赛，费德勒7：6（3）、1：6、6：3、6：4战胜纳达尔。这是继2008年后费纳再次在法网和温网背靠背相遇。半个多月前在法网半决赛遭到横扫的费德勒，这次完成了复仇。首盘比赛，两人都迅速进入状态，鏖战至抢七。不过在抢七中，费德勒占据主动，取得比分上的领先。

3 | 纳达尔红土81连胜遭终结

2007年汉堡大师赛决赛，费德勒以2∶6、6∶2、6∶0击败纳达尔，终结了纳达尔在红土场上的最长连胜——81连胜。

4 | 费德勒成就温网五连霸

2007年温网决赛，世界第一费德勒再次遇上了世界第二的纳达尔。在经过一场漫长的五盘对决后，费德勒最终以7∶6（7）、4∶6、7∶6（3）、2∶6、6∶2击败纳达尔，赢得温网五连霸。

5 | 131年历史上最伟大决赛

2008年温网决赛，在鏖战近五小时之后，纳达尔以6∶4、6∶4、6∶7、6∶7、9∶7战胜费德勒夺冠，职业生涯首次捧起温网金杯。费德勒苦战五盘惜败，无缘史无前例的温网六连冠伟业。那场比赛被誉为"131年历史上最伟大决赛"。

6 | "费天王"泪洒澳网赛场

2009年澳网男单决赛：世界排名第一的头号种子、"西班牙天王"纳达尔与赛会三届冠军得主、世界排名第二的"瑞士天王"费德勒展开生涯的第19次交锋，两人上演经典五盘大战，最终纳达尔再度以3∶2的大比分胜出，首次夺得澳网男单冠军，五盘比分分别为7∶5、3∶6、7∶6（3）、3∶6、6∶2。赛后"费天王"恸哭的画面成网球史上难以忘却的悲伤。

7 | 费德勒6次大满贯决赛不敌纳达尔

2011年的法网决赛是他们继2009年澳网决赛以来又一次在大满贯决赛中交手，纳达尔毫无悬念地以7∶5、7∶6（3）、5∶7、6∶1第17次击败

费纳十大战役

1 | 大师赛决赛首次相遇

在2005年迈阿密大师赛决赛之前，费德勒与纳达尔仅仅碰面过一次，就是2004年的迈阿密大师赛，但这一次是两人在ATP大师赛决赛的第一次交手。18岁的纳达尔初出茅庐，费德勒已是三届大满贯冠军，如日中天。但纳达尔连下两城，给费德勒来了一个漂亮的下马威，但姜还是老的辣，费德勒最终以2：6、6：7（4）、7：6（5）、6：3、6：1完成逆转，取得冠军。

2 | 经典五盘大战，赛会被迫改制

2006年罗马网球公开赛决赛，世界排名前两位的费德勒和纳达尔再次狭路相逢。纳达尔跌跌碰碰地取得了最终的胜利，年仅20岁就取得了个人的第16个冠军。两人上演了一场经典的五盘大战，最终纳达尔凭借6：7（0）、7：6（5）、6：4、2：6、7：6（5）的比分夺得冠军。这场耗时5小时5分钟的比赛完全有资格竞争大师赛历史最佳对决。也正是因为那场比赛的五盘决战，促使ATP对大师赛决赛赛制的改革。

评价

纳达尔在罗兰加洛斯的红土场上，没人能做到他的成就，他简直是从外太空来的人一样。

——库尔滕

一个永远挖掘不尽的天才。

——比利·简·金（WTA创始人）

从他走进赛场那一刻的态度，我就相信这是一种真正的冠军气质。

——小威廉姆斯

纳达尔为整个网球运动都做出了贡献，不仅仅是骄人的成绩，他永不放弃的精神更是激励着观看比赛的每一个人。

——萨马兰奇（奥委会前主席）

纳达尔是红土球场上从未有过的最佳球员，他在红土上的成就没有任何人能超越。

——比约·博格

我从纳达尔那里学到了很多，我享受我们的那些重要对决，从温网到罗兰·加洛斯再到澳网，他也许终将能成为史上最伟大的网球运动员。

——费德勒

纳达尔是个令人感到惊奇的网球运动员，不管身体上或精神上都是我见过最为强悍的人，他和费德勒是这个时代最杰出的网球选手。

——桑普拉斯

个人生活

纳达尔的叔叔米格尔·纳达尔是一位职业足球运动员,曾经是巴塞罗那和西班牙国家队的主力后卫,可纳达尔却是一个忠实的皇马球迷。

纳达尔的另一个叔叔托尼·纳达尔曾经是一位职业网球运动员。正是托尼将三岁的纳达尔引进了网球的世界,从来没有收过纳达尔任何教学上的费用。

纳达尔的妻子是玛利亚·弗朗西斯卡,外号"梅花",是纳达尔的青梅竹马,两人于2019年10月19日步入婚姻殿堂,结束爱情长跑,目前还没有生育子女。

为表扬纳达尔在网球界的成就以及对西班牙体育的贡献,西班牙马略卡天文台将一颗于2003年5月28日发现的128036号小行星命名为"纳达尔星",纳达尔成为首位获行星命名的网球选手。

2007年,纳达尔基金会成立,关注于社会工作与发展中的儿童与青少年。他竭力帮助西班牙巴利阿里群岛的居民,或是帮助海外地区的人们。此外,纳达尔曾与西班牙足球运动员卡西利亚斯,举行慈善赛共同支持对抗疟疾。

奖项

2006年劳伦斯世界体育奖年度最佳新人

2008年欧洲最佳运动员奖

2008年西班牙阿斯图利亚斯王子体育奖

2010年BBC海外球员大奖

2011年劳伦斯世界体育奖年度最佳运动员

2011年萨马兰奇奖

2011年阿瑟·阿什人道主义奖

2014年劳伦斯世界体育奖最佳复出奖

2017年《阿斯报》50周年颁奖典礼最佳男运动员

4次获得ATP埃德博格体育精神奖（2010年、2018年、2019年、2020年）

2020年马德里最高荣誉奖章"五月二日十字勋章"

生涯纪录

1. 大满贯总数20个，与费德勒并列为男子历史第一。
2. 法网13次晋级决赛13次夺得冠军，决赛胜率高达100%，是法网夺冠次数最多的球员。
3. 法网获得100场胜利，首位法网获胜场次突破三位数的历史第一人。
4. 纳达尔在2010-2014年实现了法网5连冠，5连冠也是公开赛年代大满贯最长连冠纪录。
5. 连续800+周，纳达尔是排名ATP世界前十时间最长的选手。
6. 2005年迈阿密，18岁291天的纳达尔闯进决赛，是现役男子网坛晋级大师赛决赛最年轻纪录。
7. 连续16年世界前十、连续10年拿大满贯冠军、连续17年都有冠军进账，纳达尔是历史第一人。
8. 纳达尔是首位在ATP500巴塞罗那赛11次夺冠的球员，胜率高达61胜4负。
9. 蒙特卡洛11冠王，2005-2012年更是实现了8连冠，成为该站赛事夺冠次数最多的球员，同时12进决赛也是赛会纪录。
10. 马德里大师赛第5次夺冠，成为该赛事夺冠次数最多的球员，第8次进入决赛也是赛会历史新纪录。
11. 纳达尔坐拥59个红土赛事冠军，红土胜率高达91.8%，历史第一人。
12. 纳达尔保持着最长红土连胜纪录——81连胜。

大师赛冠军

蒙特卡洛（11个）：2005年、2006年、2007年、2008年、2009年、2010年、2011年、2012年、2016年、2017年、2018年

罗马（9个）：2005年、2006年、2007年、2009年、2010年、2012年、2013年、2018年、2019年

罗杰斯杯（2个）：2005年、2013年

马德里（5个）：2005年、2010年、2013年、2014年、2017年

印第安维尔斯（3个）：2007年、2009年、2013年

汉堡（1个）：2008年

多伦多（3个）：2008年、2018年、2019年

辛辛那提（1个）：2013年

生涯数据

发球

3650	1898	68%	72%	57%
ACE球	双误	1发成功率	1发得分率	2发得分率

5963	67%	14053	86%	67%
对手破发点	保发率	发球局数	发球局胜率	总发球得分率

接发球

34%	55%	10388	45%
接1发成功率	接2发成功率	破发机会	把握破发点成功率

13930	34%	42%	55%
接发球局数	接发球局胜率	接发球得分率	总得分率

二十座大满贯

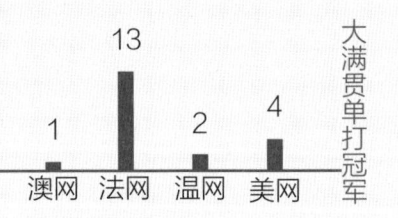

大满贯单打冠军: 澳网 1、法网 13、温网 2、美网 4

年份	比赛	决赛对手	决赛比分
2005年	法网	普埃尔塔	6∶7、6∶3、6∶1、7∶5
2006年	法网	费德勒	1∶6、6∶1、6∶4、7∶6
2007年	法网	费德勒	6∶3、4∶6、6∶3、6∶4
2008年	法网	费德勒	6∶1、6∶3、6∶0
2008年	温网	费德勒	6∶4、6∶4、6∶7、6∶7、9∶7
2009年	澳网	费德勒	7∶5、3∶6、7∶6、3∶6、6∶2
2010年	法网	索德林	6∶4、6∶2、6∶4
2010年	温网	伯蒂奇	6∶3、7∶5、6∶4
2010年	美网	德约科维奇	6∶4、5∶7、6∶4、6∶2
2011年	法网	费德勒	7∶5、7∶6、5∶7、6∶1
2012年	法网	德约科维奇	6∶4、6∶3、2∶6、7∶5
2013年	法网	费雷尔	6∶3、6∶2、6∶3
2013年	美网	德约科维奇	6∶2、3∶6、6∶4、6∶1
2014年	法网	德约科维奇	3∶6、7∶5、6∶2、6∶4
2017年	法网	瓦林卡	6∶2、6∶3、6∶1
2017年	美网	安德森	6∶3、6∶3、6∶4
2018年	法网	蒂姆	6∶4、6∶3、6∶2
2019年	法网	蒂姆	6∶3、5∶7、6∶1、6∶1
2019年	美网	梅德韦杰夫	7∶5、6∶3、5∶7、4∶6、6∶4
2020年	法网	德约科维奇	6∶0、6∶2、7∶5

单打成绩

生涯战绩：1010胜206负（胜率83.06%）

冠军头衔：86个

最高排名：世界第一

冠军分布

赛事级别分类：

大满贯：20个

奥运会：1个

大师赛：35个

其他赛事：30个

场地类型分类：

硬地：21个

室内硬地：1个

红土：59个

室内红土：1个

草地：4个

COMPETITION RESULT

双打成绩

生涯战绩：137胜74负（胜率64.93%）

最高排名：26

冠军头衔：11个

奥运会：1个

大师赛：3个

其他赛事冠军：7个

档案

中文名：	拉菲尔·纳达尔	**外文名**：	Rafael Nadal
别名：	Rafa、豆子、纳豆、红土之王	**国籍**：	西班牙
出生地：	马洛卡岛马纳科镇	**出生日期**：	1986年6月3日
身高：	1.85米	**体重**：	85千克

专业特点：左手握拍、双手反拍、"纳式"上旋

主要奖项：全满贯（1澳网、13法网、2温网、4美网）
　　　　　　金满贯得主
　　　　　　北京奥运会男单冠军
　　　　　　20座大满贯

主要奖项：劳伦斯世界体育奖最佳男运动员
　　　　　　劳伦斯世界体育奖最佳复出运动员

战绩

团体成绩

　　纳达尔曾11次代表西班牙参加戴维斯杯，首次参赛是2004年。西班牙历史上曾六次赢得戴维斯杯冠军，除了2000年之外，纳达尔曾随队在2004年、2008年、2009年、2011年、2019年，五次夺得戴维斯杯冠军。

纳达尔

　　如果没有费德勒，纳达尔无疑是当今网坛最成功的球员，没有之一，坐拥20个大满贯、13个法网冠军，前无古人，后也难有来者，但也正是费德勒的存在，两人的对决——"费纳决"被称为网坛最伟大的对决之一；"GOAT"（历史最佳）的争议从未停止，两个人互相的较量也促成了互相的成就。超强的移动能力、长距离预判能力和相持球能力、良好的体能储备以及每分必争的超强意志，构成了纳达尔独一无二的冠军品格，就连小威廉姆斯也称赞纳达尔："我从来没有见过在每一次抽击中都表现得如此坚韧、如此充满野心、如此充满战斗力和渴望荣耀的人，直到我观看了纳达尔的比赛。"暖暖的笑容、健壮的身材、惊艳的球技、腼腆又有点小风趣的性格，也让他收获了网坛令人艳羡的好人缘。

显特点就是引拍更大、更靠上，在肩部上方，这样可以制造更大的拍头加速的空间，同时也更容易捕捉到更高的击球点，为打出进攻性切削做好充分准备。

🎾 底线相持

底线相持是对一名球员技术全面性的考验，更是体能的试金石，一场比赛中多拍的相持往往也决定了比赛的观赏性，如果是出现在关键分，观众热烈的氛围会随之达到高潮。费德勒经历了当代网坛技术上重大转折的时代，由发球上网改为底线相持统治了世界。遗憾的是费德勒随着年岁渐长，体能不足使得他在关键分的相持中稳定性下降，这也引出了下面的战术。

🎾 SABR战术

SABR（Sneak attack by Roger），直译过来就是"来自罗杰的狡猾攻击"。在2016年美网，费德勒的新战术让人眼前一亮，接发球偷袭上网。SABR不是常规武器，在一场比赛中的使用次数非常有限，但却可以调整比赛节奏，对对手心理施压的作用非常大，可以算是打的一种心理战。当然，这也引起了不小争议，尤其是不尊重对手的呼声越来越大，这也是这个战术近几年销声匿迹的原因吧。

🎾 放小球

费德勒的底线小球技术，应该也是现役球员中最好的，手感细腻，质量高。不死盯着底线打，增加变化，对手很难洞悉他的意图，在对手毫无准备的情况下，他猛然向前跑动接小球，会给对手造成相当大的压力。

🎾 发球

　　费德勒的发球在现役球员中是最难预测的，因为费德勒在发球环节动作是非常隐蔽的，抛球不是很高，动作连贯一气呵成，对手很难知道费德勒要往哪里发，一般都得靠猜，当然这些都是一发，所以费德勒的发球不快，也能经常发出ACE球。

🎾 截击

　　费德勒的截击非常优秀，得益于三点：一是分腿垫步，极大地压缩了自己到网前的时间，非常高效；二是竖立拍头，并不是向后引拍；三是借力发力，而非主动挥拍发力。

🎾 上网

　　费德勒的网前技术，绝对可以称为现役第一的网前，拿克耶高斯做对比，他作为网前比较好的球员，也是非常佩服费德勒的网前技术。首先不管是正手还是反手，费德勒的网前技术都非常稳定；其次就是费德勒的网前球是非常具有威胁的。所以面对费德勒的上网，很多球员心里是很慌的。

🎾 胯下击球

　　胯下击球顾名思义就是将球从两腿之间击出，这样的动作原先不过是一种噱头，成功率极低，但在费德勒的拍下却成为绝招，甚至成为他的"招牌动作"，费德勒的胯下击球的成功率是最高的，无论是击球角度、力度，还是他本人阅读比赛的能力。也正是费德勒的运筹帷幄，面面俱到，才让我们看到他应用自如的胯下击球。

🎾 切削

　　切削，一项在职业比赛中被认作是用于防御、过渡的技术，是费德勒牵制对手强而有力的武器，尤其是反手切削，他在比赛中大量使用。费德勒切削有一明

十大必杀技

🎾 **正手**

　　费德勒的正手挥拍方式是直臂挥拍，穿透力十足的同时极具美感，因此享有"上帝之手"的美誉。他的正手球路多变，角度大开大合，而且落点很准，速度、落点、旋转三者俱佳，变幻莫测，即便跑动中的正手也能一击致命。在费德勒职业生涯的巅峰时期，极少有人能够与他在正手位展开真正的抗衡。

🎾 **反手**

　　费德勒的反手得益于启蒙教练卡特，他是古典单反的拥趸者。可能费德勒的单反不是现役球员中最好的，但是费德勒的单反动作最合理、最具美感。而且费德勒大部分时间在反手都是抽切结合的方式，无形中增加了很多的变化，这也让对手增加了击球时的困难。

17 | 史无前例！成就20冠伟业

2018年澳大利亚网球公开赛，36岁的费德勒6：2、6（5）：7、6：3、3：6、6：1击败西里奇成功卫冕澳网，史无前例地赢得第20座大满贯男单冠军。

18 | 费纳背靠背再相遇，"费天王"完美复仇

2019年温网半决赛，费德勒7：6（3）、1：6、6：3、6：4战胜纳达尔。这是继2008年后费纳再次在法网和温网背靠背相遇。半个多月前在法网半决赛遭到横扫的费德勒，这次完成了复仇。首盘比赛，两人都迅速进入状态，鏖战至抢七。不过在抢七中，费德勒占据主动，赢得胜利。

19 | 5小时鏖战憾负，无缘温网第9冠

2019温网男单决赛，世界第一德约科维奇鏖战4小时55分钟，以7：6（5）、1：6、7：6（4）、4：6、13：12（3）战胜2号种子费德勒，赢下了两人之间第48次对决。

20 | 救7赛点大逆转，创胜场新纪录

2020年1月28日，澳网男单1/4决赛，六届赛会冠军费德勒在1：2落后的情况下，在第四盘拯救7个赛点，最终上演大逆转，3：2击败黑马桑德格伦，晋级澳网4强，取得澳网102胜，超越了自己在温网创下的单个赛事最高胜场纪录。

13 | 六度加冕温网，15冠纪录超桑神

2009年温网决赛，经过4小时16分钟的激战之后，费德勒以5∶7、7∶6（6）、7∶6（5）、3∶6、16∶14力克罗迪克，第六次夺得温网冠军的同时，也终于以15座大满贯冠军打破桑普拉斯的大满贯夺冠数纪录。此外，费德勒还成为继比约·博格和纳达尔后第三位在法网和温网背靠背捧杯的男子球员。

14 | 五盘不敌小德，错失第18冠

2014年温网决赛，头号种子德约科维奇以6∶7（7）、6∶4、7∶6（4）、5∶7、6∶4逆转七届赛会冠军费德勒，时隔三年再夺温网冠军，这也是德约科维奇生涯第7个大满贯冠军，而落败的费德勒错过了第18个大满贯冠军。

15 | 第18个大满贯冠军！

2017年澳网决赛，这是费德勒的第28个大满贯决赛，纳达尔的第21个大满贯决赛，第35次"费纳对决"，时隔近六年两人再次上演大满贯决赛巅峰对决。费德勒以6∶4、3∶6、6∶1、3∶6、6∶3的比分击败了纳达尔，斩获个人第5个澳网冠军，大满贯第18冠。

16 | 三盘抢七战，"费天王"惊险取胜

2017年迈阿密大师赛半决赛，费德勒三盘抢七战胜克耶高斯晋级。费德勒曾挽救了盘点，而克耶高斯也曾挽救了赛点，最终"瑞士天王"以7∶6（9）、6∶7（9）、7∶6（5）的比分惊险取胜。

9 | 草地之王！温网五连冠

2007年温网决赛，"世界第一"费德勒再次遇上了"世界第二"的纳达尔。在经过一场漫长的五盘对决后，费德勒最终以7∶6（7）、4∶6、7∶6（3）、2∶6、6∶2击败了纳达尔，赢得了温网五连冠。

10 | 最伟大决赛！无缘温网六连冠

2008年温网决赛，在鏖战近五小时之后，纳达尔以6∶4、6∶4、6∶7、6∶7、9∶7战胜费德勒夺冠，职业生涯首次捧起温网金杯。费德勒苦战五盘惜败，无缘史无前例的温网六连冠伟业。那场比赛被誉为"131年历史上最伟大决赛"。

11 | 澳网决赛惜败，"费天王"泪洒现场

2009年澳网男单决赛，世界排名第一的头号种子、"西班牙天王"纳达尔与赛会三届冠军得主、世界排名第二的"瑞士天王"费德勒展开生涯的第19次交锋，两人上演经典五盘大战，最终纳达尔再度以3∶2的比分胜出，首次夺得澳网男单冠军，五盘比分分别为7∶5、3∶6、7∶6（3）、3∶6、6∶2。赛后费德勒恸哭的画面成为网球史上难以忘却的悲伤。

12 | 圆梦法网！实现"全满贯"伟业

2009年法网决赛，这是费德勒连续第4年闯入法网决战，但是此前三次他都输给了纳达尔。在2009年费德勒迎来了夺冠的最佳时机——纳达尔被索德林淘汰。进入决赛的费德勒直落三盘击败了对手，以6∶1、7∶6（1）、6∶4取胜，拿到法网冠军之后实现了个人职业生涯全满贯。他也成为公开赛时代第三位和全时代第六位全满贯的得主。

对阵老对手罗迪克，费德勒在先失一盘的情况下，以4：6、7：5、7：6（3）、6：4逆转取胜，成功完成卫冕，连续第二年夺得温网冠军。

4 | 纽约封王！首夺美网冠军

2004年美网决赛，费德勒以6：0、7：6（3）、6：0击败了休伊特夺冠，这是费德勒所夺得的第四个大满贯，也是第一次在纽约封王。

5 | 不敌萨芬！连胜纪录遭终结

2005年澳网半决赛，4号种子"俄罗斯沙皇"萨芬在自己25岁的生日这天，经过了长盘决胜制，抓住了自己的第七个赛末点，以5：7、6：4、5：7、7：6、9：7战胜了不可一世的头号种子瑞士名将费德勒，终结了他26场的连胜神话，终结了费德勒对世界排名前十位选手的24场连胜纪录，终结了费德勒在澳网的12场连胜纪录。

6 | 硬地35连胜！夺美网第二冠

2005年9月12日美网决赛，费德勒凭借在第三盘抢七局中的关键胜利，最终以总比分6：3、2：6、7：6（1）、6：1击败35岁老将阿加西，连续第二年捧起了美网冠军奖杯。

7 | 决赛前一盘未失，成就温网四连冠

2006年温网决赛，费德勒6：0、7：6（5）、6（2）：7、6：3战胜纳达尔收获温网四连冠。

8 | 终结纳达尔红土81连胜

2007年汉堡大师赛决赛，费德勒以2：6、6：2、6：0击败纳达尔，终结了纳达尔在红土场上的最长连胜——81连胜。

二十大战役

1 | 权杖交接！温网击败桑普拉斯

2001年温网第四轮的交锋，如今被视作是球王交接棒的重要时刻。19岁的费德勒打出了职业生涯的最佳表现，以7∶6（7）、5∶7、6∶4、6∶7（2）、7∶5击败7届赛会冠军桑普拉斯，取得了在温网中心球场的首场胜利。

2 | 王朝开启！首夺大满贯冠军

2003年7月7日的温网男单决赛中，赛会5号种子选手、21岁的费德勒以7∶6（5）、6∶2、7∶6（3）击败了"澳洲大炮"菲利普西斯，赢得了自己职业生涯中的第一个大满贯男单冠军。

3 | 逆转罗迪克，卫冕温网冠军

2004年温网，费德勒连斩约翰森、休伊特、格罗斯让等名将，最后的决赛

第18名 伊斯内尔

又一位被打压的90后球员，费德勒与他的交手战绩是8胜2负。

第19名 阿加西

一代天王权杖交接，费德勒的崛起正好赶上美国巨星的生涯末期，从2002年开始，阿加西就再也没战胜过费德勒，费德勒与他的的交手战绩被定格在8胜3负。

第20名 锦织圭

作为目前亚洲排名最高的男子运动员，费德勒对阵锦织圭的交手战绩是8胜3负。

经典。

第11名 休伊特

费德勒与休伊特的重要交锋集中在2004年到2005年，两人在四大满贯的半决赛和决赛中都狭路相逢，很可惜，那两年的费德勒基本无解，因此休伊特鲜尝胜绩。2016年，在网坛沉浮多年的休伊特宣布退役，费德勒与他的交战记录也被定格为18胜9负。

第12名 特松加

费德勒对阵法国人的战绩是12胜6负，最近一次交手是2019年的哈雷公开赛1/8决赛，费德勒苦战抢七三盘击败对手晋级。

第13名 伯蒂奇

曾经的捷克天才成长为"鸟哥"，再到后来光荣退役，伯蒂奇在费德勒身上栽了不少跟头，从2014年到他退役，就再也没赢过费德勒，连续11次战败收场。费德勒对阵伯蒂奇的战绩是20胜6负。

第14名 亨曼

作为70后老将，亨曼战胜费德勒的时期也正是"天王"稚嫩的时候，2004年之后，费德勒再没有失手过一次，战绩为7胜6负。

第15名 戈芬

费德勒对阵90后比利时名将戈芬的战绩是10胜1负，唯一一次败仗是2017年年终总决赛的半决赛，费德勒遭戈芬三盘逆转无缘决赛，结果戈芬在决赛却倒在了另一位90后迪米特罗夫拍下。

第16名 孟菲尔斯

另一位没有占到什么便宜的法国球员，费德勒与他的交手战绩是10胜4负。

第17名 拉奥尼奇

曾经的加拿大新星，跟布沙尔并称为"枫叶国的金童玉女"，可惜依旧是费德勒的手下败将，费德勒与他的交手战绩是11胜3负。

第7名　达维登科

这个有着"劳模"之称的俄罗斯人，已经渐渐淡出人们的视野，但作为20世纪90年代红极一时的球星，费德勒是他逃不过的梦魇。在2009年的年终总决赛，连续输给费德勒12次的达维登科，终于在第13次交手中，三盘艰难战胜了费德勒。虽然达维登科职业生涯只战胜过费德勒两次，但这样球员的存在就是行走的励志代言人，无不激励着其他球员进步努力。

第8名　西里奇

又是一个在"四巨头时代"求生的球员，10次交手中，西里奇仅战胜过费德勒1次，但那次至关重要，美网半决赛他直落三盘击败费德勒后顺势夺冠，夺得个人目前唯一一座大满贯奖杯。两人在2017年和2018年交手颇多，尤其是在大满贯中，2017年温网决赛，费德勒在决赛直落三盘击败比赛中途脚磨破皮的西里奇，斩获大满贯第19冠。2017年ATP年终总决赛，费德勒再次胜出。目前费德勒和西里奇交手记录为9胜1负。

第9名　纳尔班迪安

纳尔班迪安是难以解释的天才之谜，在他最好的那几年职业生涯中，他动作干净而准确，在美丽和优雅的诠释上，他也是唯一能和费德勒相提并论的人。

他的辉煌是以对费德勒的五连胜开始，在2003年费德勒崛起的时候，他就已经击败过费德勒两次，他一生对费德勒的总战绩是8胜11负——除了BIG4,很少有人能做到这一点。他更是自诩从来不怕费德勒。

第10名　萨芬

有人说萨芬要是有德约科维奇一半的自律和勤奋，成就达到阿加西水平应该没问题。有人说他的天赋和其他人不是一个等级的，20岁不到就赢过阿加西、库尔滕、桑普拉斯，可惜他伤病多了点。此外，萨芬觉得网球很无聊，能有两个大满贯、戴维斯杯冠军和世界第一就已经可以了。

费德勒和萨芬的历史交战记录为10∶2，场次虽不多，但2005年的百年澳网半决赛一战，两人携手为球迷献上一场迄今为止仍让人津津乐道的

第3名　穆雷

英国人在2012年温网决赛输给费德勒后泪洒现场："我可以像费德勒一样哭泣，但却不能像他一样赢球。"

如果没有费德勒，穆雷应该还可以至少拿3个大满贯；如果没有费德勒，他在自己家的温布尔登后花园赶超"桑神"也未可知。由交战记录来看，穆雷其实不比费德勒差多少，11胜14负，但2008年美网、2010年澳网、2012年温网决赛输球，着实让人扼腕叹息。

第4名　德尔波特罗

费德勒对阵"大师兄"，18胜7负占据绝对优势，两人职业生涯的6次大满贯交锋中有5次发生在1/4决赛或之后，每一次都不乏精彩。

德尔波特罗以无比暴力的正拍立足赛场，而2009年美网决赛击败费德勒的比赛更是让他一举成名。但是，自带"玻璃人"体质的德尔波特罗在随后的职业生涯饱受手腕伤势困扰，让所有人都为这位原本可以取得更大成就的球员叹息不已。

第5名　罗迪克

费德勒生涯只输给罗迪克3次，而战胜过他21次。罗迪克5次进入大满贯决赛，只有1次拿了冠军，另外4次全都败给费德勒！

好在罗迪克心态非常好，在入选网坛名人堂的仪式上回首往昔，仍然对费德勒做出很高的评价："我真的很荣幸和如此优秀的对手交手，不敢相信能看到网球水准一再提升，纪录不断被打破，要感谢费德勒，他把比赛带到了前所未有的高度。"

第6名　瓦林卡

被誉为"为大场面而生的男人"，作为费德勒的瑞士同胞，却永远只能在费德勒的锋芒之下挣扎。在网坛"四巨头"夹缝中求生存的年代，他默默地收获了除温网外的三大满贯。2017年前，他参加的大满贯决赛的夺冠率更是达到了恐怖的100%。如果没有费德勒，他甚至能超越"豌豆公主"辛吉斯，独享瑞士网球历史最佳球员。可惜有了费德勒，他便只能在历史最佳球员后面加上"之一"了。

第2名 德约科维奇

费德勒在对阵德约科维奇的交手记录上以23∶27处于下风；对比决赛的交手战绩，费德勒更是以6∶14落后于德约科维奇；2014年、2015年温网，"费天王"更是输得没脾气。

若论男子网坛历史上最好的一个赛季，2011年和2015年的德约科维奇当仁不让，胜率都超过了90%，但横亘在他前面的永远是2006年的费德勒。

2006年是费德勒最巅峰的一个赛季，全年92胜5负，胜率达到94.85%，创造历史单赛季胜场数纪录。整个赛季费德勒17站比赛，进入16个决赛，拿下12个冠军。四大满贯全部进入决赛，拿下其中3座，六进大师赛决赛拿下4座，此外还有年终总决赛冠军。全年费德勒只输给纳达尔和穆雷两个人。

二十大对手

第1名 纳达尔

费德勒和纳达尔是网坛最伟大的对手之一，是"既生瑜何生亮"的存在，两人的成绩是网坛"GOAT"之称的最大争议。

决赛费德勒和纳达尔的对决记录为10：14，两人共打了9次大满贯决赛：澳网2次，平分秋色；法网4次，纳达尔大获全胜；温网3次，费德勒2胜1负；美网决赛两人从未交手。

从2006年开始，世界男子网坛正式进入"费纳决"时代，双方都坚守着自己擅长的领域，"草地之王"费德勒捍卫着温布尔登的荣耀，而"红土之王"纳达尔在罗兰加洛斯寸土不让。"费纳决"是网坛最伟大的对决之一，随着两位老将的迟暮，"费纳决"也成为球迷心中看一场少一场的经典。

奖项

劳伦斯世界体育奖

年度最佳男子运动员：2005年、2006年、2007年、2008年、2018年

最佳复出奖：2018年

ATP年度最受球迷欢迎奖：连续18年获奖（2003-2020年）

ATP年度最佳球员：5次获奖（2004-2007年、2009年）

ATP年度最佳复出球员：2017年

ATP阿瑟·阿什人道主义精神奖：2006年、2013年

ATP埃德伯格体育精神奖：13次获奖（2004-2009年、2011-2017年）

瑞士年度最佳男运动员：2003年、2004年、2006年、2007年、2012年、2014年、2017年

2018年美国《网球杂志》评选最伟大的50位球员中的男子第1位

2019年当选《GQ》十年最佳型男

2020年荣膺70年最佳瑞士男运动员奖

3. 在年终总决赛上，费德勒保持着最多的参赛次数、四强次数、决赛次数，以及夺冠次数，此外他还有最多的胜场数纪录（57胜）

🎾 大师系列赛

1. 连续29场大师系列赛胜利（2005-2006年），为大师系列赛历史最长连胜纪录
2. 首位夺得全部4站北美洲大师赛男子冠军的非美国球员
3. 首位在全部硬地大师赛均能夺冠的球员
4. 7夺辛辛那提大师赛冠军

🎾 连胜纪录

1. 对单打世界排名前十名的选手24连胜：2003年马德里大师赛到2005年澳网
2. 单打草地赛事65场连胜纪录、单打硬地赛事56场连胜纪录
3. 在北美洲赛事中55场连胜纪录
4. 职业生涯单打最长连胜纪录为41连胜

🎾 其他纪录

1. 5次获得劳伦斯年度最佳男子运动员
2. 自1982年的伦德尔后，首位连续两年单赛季取得至少80胜的球员
3. 第三位取得职业生涯1000场单打胜利的球员
4. 生涯累积奖金:129981743美元，为ATP史上第二高
5. 最高个人年度总奖金纪录：11754077美元（2007年），成为第五位单赛季总奖金破千万美元的球员。

生涯纪录

🎾 **大满贯**

1. 20个大满贯与纳达尔并列历史第一
2. 网球历史唯一一位在两项大满贯赛事均取得五连冠的球员：2003-2007年温网五连冠、2004-2008年美网五连冠
3. 网球历史唯一一位在两项大满贯赛事均至少连续6年闯进决赛的球员：温网连续7年闯进决赛、美网连续6年闯进决赛
4. 网球历史上唯一一位获得美网5连冠的球员
5. 网球历史上唯一一位三次在同一年获得3个大满贯单打冠军的球员
6. 大满贯男子单打连胜纪录达27场
7. 首位连续10次闯进大满贯男单决赛的球员：2005年温网到2007年美网
8. 首位连续两年"年度四大满贯均进入决赛"的球员：2006年、2007年
9. 网球历史上唯一在三项大满贯赛事都夺得五次冠军的男子单打运动员
10. 连续23次闯入大满贯四强：2004年温网到2010年澳网

🎾 **世界第一**

1. 单打连续排名世界第一周数为237周，排名历史第一位
2. 单打世界排名第一总周数达到310周，排在历史第二位
3. 唯一一名连续三年（2005-2007年）整年排名第一的男子选手
4. 历史上最年长世界第一（36岁零6个月）
5. 世界排名位于TOP100的周数最高

🎾 **ATP年终总决赛/大师杯**

1. 从2002-2015年连续14年入围ATP年终总决赛
2. 10次闯进决赛，6次夺冠

大师赛冠军

汉堡（4个）：2002年、2004年、2005年、2007年

印第安维尔斯（5个）：2004年、2005年、2006年、2012年、2017年

罗杰斯杯（2个）：2004年、2006年、

迈阿密（4个）：2005年、2006年、2017年、2019年

辛辛那提（7个）：2005年、2007年、2009年、2010年、2012年、2014年、2015年

马德里（3个）：2006年、2009年、2012年

巴黎（1个）：2011年

上海（2个）：2014年、2017年

生涯数据

发球

11344	2742	62%	77%	57%
ACE球	双误	1发成功率	1发得分率	2发得分率

6367	67%	18630	89%	70%
对手破发点	保发率	发球局数	发球局胜率	总发球得分率

接发球

33%	51%	11822	41%
接1发成功率	接2发成功率	破发机会	把握破发点成功率

18229	27%	40%	54%
接发球局数	接发球局胜率	接发球得分率	总得分率

序号	时间	赛事	决赛对手	比分
1	2003年6月23日	温网	菲利普西斯	7∶6、6∶2、7∶6
2	2004年2月2日	澳网	萨芬	7∶6、6∶4、6∶2
3	2004年7月5日	温网	罗迪克	4∶6、7∶5、7∶6、6∶4
4	2004年9月13日	美网	休伊特	6∶0、7∶6、6∶0
5	2005年7月3日	温网	罗迪克	6∶2、7∶6、6∶4
6	2005年9月11日	美网	阿加西	6∶3、2∶6、7∶6、6∶1
7	2006年1月29日	澳网	巴格达蒂斯	5∶7、7∶5、6∶0、6∶2
8	2006年7月9日	温网	纳达尔	6∶0、7∶6、6∶7、6∶3
9	2006年9月10日	美网	罗迪克	6∶2、4∶6、7∶5、6∶1
10	2007年1月28日	澳网	冈萨雷斯	7∶6、6∶4、6∶4
11	2007年7月8日	温网	纳达尔	7∶6、4∶6、7∶6、2∶6、6∶2
12	2007年9月9日	美网	德约科维奇	7∶6、7∶6、6∶4
13	2008年9月9日	美网	穆雷	6∶2、7∶5、6∶2
14	2009年6月7日	法网	索德林	6∶1、7∶6、6∶4
15	2009年7月5日	温网	罗迪克	5∶7、7∶6、7∶6、3∶6、16∶14
16	2010年1月31日	澳网	穆雷	6∶3、6∶4、7∶6
17	2012年7月8日	温网	穆雷	4∶6、7∶5、6∶3、6∶4
18	2017年1月29日	澳网	纳达尔	6∶4、3∶6、6∶1、3∶6、6∶3
19	2017年7月16日	温网	西里奇	6∶3、6∶1、6∶4
20	2018年1月28日	澳网	西里奇	6∶2、6∶7、6∶3、3∶6、6∶1

二十座大满贯

双打成绩

职业战绩：131胜92负（胜率：58.74%）

冠军头衔：8个

最高排名：24名

大满贯双打成绩

澳网：第三轮（2003年）

法网：第一轮（2000年）

温网：八强（2000年）

美网：第三轮（2002年）

其他大型双打冠军

奥运会：2008年冠军

战绩

团体成绩

戴维斯杯：2014年冠军

霍普曼杯：3个冠军（2001年、2018年、2019年）

单打成绩

职业战绩：1243胜272负（胜率：82.05%）

冠军头衔：103个（网球历史第二）

最高排名：世界第一

大满贯单打成绩

澳网：6个冠军（2004年、2006年、2007年、2010年、2017年、2018年）

法网：1个冠军（2009年）

温网：8个冠军（2003年、2004年、2005年、2006年、2007年、2009年、2012年、2017年）

美网：5个冠军（2004年、2005年、2006年、2007年、2008年）

其他大型单打赛事成绩

ATP年终总决赛：6个冠军（2003年、2004年、2006年、2007年、2010年、2011年）

奥运会：2012年亚军

COMPETITION RESULTS

费德勒

2003年的温网男单决赛，费德勒赢下个人的第一座大满贯冠军，2004年他成功拿下澳网冠军，登顶世界第一，至此，费德勒开启了自己的时代。他生涯赢得103个ATP单打冠军，包括创纪录的20个大满贯冠军、6个年终总决赛冠军以及28个大师赛冠军。费德勒被众多网球名宿、现役球队以及评论家认为是有史以来最伟大的网球运动员。

费德勒是全面型打法的代表球员，他在草地赛场的表现尤为突出。费德勒闯进温网男单决赛12次，8次夺得温网男单冠军。他创造草地赛事65场连胜的历史纪录，是名副其实的"草地之王"。

费德勒的20个大满贯冠军中仅仅有1个法网冠军，因为与其同时代有一位被誉为"红土之王"的球员，那就是纳达尔——13个法网冠军得主。费德勒与纳达尔之间的较量堪称网球历史上最伟大的对决之一，他俩留下了众多经典比赛。随后德约科维奇、穆雷的崛起，四人引领了网球历史上的"黄金年代"。

霸权统治呈现出前所未有的高度。

　　来看一组数据，感受下"四巨头"的恐怖之处。从2006年开始，四大满贯赛事的61个冠军中，"四巨头"包揽了55个，仅让6个旁落，并被四个幸运儿瓜分，瓦林卡（2014澳网、2015法网、2016美网）、西里奇（2014美网）、德尔波特罗（2009美网）、蒂姆（2020美网）。从2011年到2016年的6年间，全年9站大师赛共举办了54次，四人拿到了其中的50次冠军，仅有2012年费雷尔（巴黎）、2014年瓦林卡（蒙特卡洛）、2014年特松加（多伦多）、2016年西里奇（辛辛那提）突围成功。

　　2019年，穆雷因伤险些宣布退役，但自此成绩一落千丈，"四巨头时代"正式进入了费、纳、德的"三国鼎立"时代。从80后孟菲尔斯、伯蒂奇、锦织圭，到90后拉奥尼奇、迪米特洛夫，演变到现在的95后梅德韦杰夫、蒂姆、兹维列夫、西西帕斯，甚至00后都开始涌现……一代又一代的挑战者都不曾撼动四人的网坛地位。

　　费德勒曾言："网球是一项盛产新名字的运动。"不断出现的新的名字、新的冠军，并不意味着将有新的王者、新的时代，至少眼前的"四座大山"依旧是现役选手们难以逾越的障碍。费德勒、纳达尔、德约科维奇与穆雷创下的战绩，或许印证了狄更斯那句经典名言："这是最好的时代，也是最坏的时代。"

注：全书数据截至2021年3月31日

结　语

2021年3月15日，ATP公布了最新一周的排名，25岁的俄罗斯小将梅德韦杰夫登上了世界第二，打破了四巨头对世界前二长达15年的垄断，上一个四巨头外的世界第二还是2005年的休伊特。

对比乱花渐欲迷人眼的女子网坛，新冠军总是如雨后春笋般年年辈出，男子网坛这边却显得格外"稳定保守"。但岁月无情，没有人可以打败时间，即使是现在"宝刀未老"的"三巨头"，也终有年华老去、挥手告别的一天。随着新生代球员的不断崛起，网坛更新换代不可避免，听上去或许很残酷，但这就是竞技体育，就算他们最后交出了权杖，他们也创造了一个个难以企及的纪录，也将彪炳史册。

2020年美网，出生于1993年的奥地利球员蒂姆夺得了生涯首座大满贯奖杯，成为网坛首位90后大满贯冠军。赛后他这样感慨道："如果是在另一个时代，我敢百分之百肯定赢得大满贯冠军会更容易。但我还是很庆幸，自己能和这些巨头们在彼此最高的水平上相互竞争。"

是的，就像央视曾经在专题报道中的评价："三巨头仍未老去。处在费德勒、纳达尔和德约科维奇共同竞争的时代，我们是幸福的。但对于同时代的球员来说，这，或许是一种悲哀。"但不论如何，见证了这个时代，便是此生幸事。